2016 年省级教育教改和课堂教改项目"基于'小班化'课堂教学改革与实践
　——以高职物流专业"仓储机械操作"课程为例"（kg20160892）
2018 浙江省优势专业建设项目（物流管理）

基于"小班化"课堂教学改革与实践

——以高职物流专业"仓储机械操作"课程为例

余名宪 著

浙江工商大学出版社
ZHEJIANG GONGSHANG UNIVERSITY PRESS
·杭州·

图书在版编目(CIP)数据

基于"小班化"课堂教学改革与实践：以高职物流专业"仓储机械操作"课程为例 / 余名宪著. — 杭州：浙江工商大学出版社，2019.9

ISBN 978-7-5178-3190-7

Ⅰ. ①小… Ⅱ. ①余… Ⅲ. ①物流—仓库管理—机械设备—课堂教学—教学改革—研究—高等职业教育 Ⅳ. ①F253.4

中国版本图书馆 CIP 数据核字(2019)第 071757 号

基于"小班化"课堂教学改革与实践

——以高职物流专业"仓储机械操作"课程为例

JIYU "XIAOBANHUA" KETANG JIAOXUE GAIGE YU SHIJIAN

——YI GAOZHI WULIU ZHUANYE "CANGCHU JIXIE CAOZUO" KECHENG WEILI

余名宪 著

责任编辑	吴岳婷
责任校对	牟杨茜
封面设计	林朦朦
出版发行	浙江工商大学出版社
	（杭州市教工路 149 号　邮政编码 310012）
	（E-mail:zjgsupress@163.com）
	（网址:http://www.zjgsupress.com）
	电话:0571-88823703,88831806(传真)
排　　版	杭州朝曦图文设计有限公司
印　　刷	杭州高腾印务有限公司
开　　本	880mm×1230mm　1/32
印　　张	2.75
字　　数	37 千
版 印 次	2019 年 9 月第 1 版　2019 年 9 月第 1 次印刷
书　　号	ISBN 978-7-5178-3190-7
定　　价	19.00 元

目　　录

第一章　教学改革与实践工作总结

课题组全体成员经过两年的研究与实践,在充分利用现有资源的基础上,结合该课程的课程改革、课堂教学改革实际,顺利地完成了"基于'小班化'课堂教学改革与实践——以高职物流专业'仓储机械操作'课程为例"课题的相关研究工作,并在实际教学中进行了推广应用,得到了良好的反响。

第一节　课题研究的执行情况

一、课题的预期目标

课题预期目标是在"仓储机械操作"课程的基础上,根据专业课程的需要和企业职业岗位基本能力的要求,以规范学生的技能操作和操作要领,来满足"仓储机械操作"课程现场理实一体化(工作过程导向)教学的需要。通过"小班化"课堂教学改革与实践,能满足在现场集中演示教学的同时让学生动手操作的需求,实现"设备的选型与配置—设备操作步骤—设备维护与保养"全过程的项目化教学,同时通过开展"小班化"教学为提高学生的综合应用能力提供有益尝试与保障。

预期成果:公开发表论文;建设课程资源库与课程信息平台(浙江省高等学校精品在线开放课程共享平台)和微信公众号;课程实施课证融通(叉车证为试点)。

二、课题的研究过程

课题立项前,通过对相关课题的调研分析,以及对我院已经实施的"仓储机械操作"课程教学的经验进行总结,结合我院"仓储机械操作"课程实训教学的实际需求、特点及该专业基础课程教学的特点、结构及自身教学经验等,研究设计"仓储机械操作"课程实施"小班化"教学改革与实践所要实现的目标,制定出符合本课题具体条件的方案。

课题立项后,得到了学院的资助,并签订了科研合同;课题组对初步调查、搜集的资料进行了研究分析,明确课题的研究、实施任务。研究过程按计划分以下几个阶段。

第一阶段(2016 年 3 月—2016 年 9 月):调查、考察、搜集文献资料。结合我院"仓储机械操作"课程的实施情况和实践条件,对物流类或者交通类机械设备操作开展"小班化"教学改革与实践并进行深入细致的考察,发现在物流类或者交通类机械设备操作开展"小班化"教学改革与实践的较少且针对性不强的情况,我们在"小班化"教学改革与实践方面进行了分析,并在相关物流专业教学研讨会上论证、分析,充分征求相关专家、教师和企业技术人员的意见,对"仓储机械操作"课程实施"小班化"教学改革与思路进行了调整,设计整体方案。

第二阶段(2016 年 9 月—2017 年 9 月):对调查的内容、积累的资料进行分析和整理,根据整体方案,进行组合和分工实施。

第三阶段(2017 年 9 月—2017 年 12 月):完成"仓储机械操作"课程实施"小班化"教学改革与实践的整套方案,并通过建立浙江省高等学校精品在线开放课程共享平台和微信公众号平台,开展线上辅助教学,并公开发表论文。

第四阶段(2018 年 1 月—2018 年 3 月):完善"仓储机械操作"课程开展和实施"小班化"教学改革与实践的课程实施方案,整理资料,总结成果,结题。

三、课题的最终成果

经过课题组的努力,课题最终完成了"仓储机械操作"课程的课程标准、教学大纲、实施纲要、课程实践教学大纲、课程实训指导书、课程实践教学"小班化"课程设计。通过实施"小班化"教学改革与实践实现了该课程的课证融通（叉车技能考证），每期学生报名考证的通过率都达到100%；构建了"仓储机械操作"课程微信公众号（课程微课25个），实现了线上的辅助教学工作；完成了浙江省高等学校精品在线开放课程共享平台的"仓储机械操作"课程线上平台建设，并且投入使用3期，效果较好；完成了"仓储机械操作"课程"小班化"教学改革实施调研报告，调查结果显示取得了很好的效果。因此，在该课程中开展"小班化"教学改革与实践是很成功的，该研究也为我院物流专业高技能人才培养做出了贡献。

第二节　成果的自我评价

一、课题的路线评价

基于"小班化"课堂教学改革与实践——以高职物流专业"仓储机械操作"课程为例这一课题是课题组通过对"仓储机械操作"课堂教学学习领域核心点的分析、"仓储机械操作"课程教学现状的调查分析，结合职业岗位的实际需要和"仓储机械操作"实训课程的需求特点而设计的符合基于工作过程导向的学习理念，提出了基于"小班化"课堂教学的改革与实践方式。通过对"仓储机械操作"课程基本职业能力的提炼,培养学生手脑并用的能力,梳理物流管理专业"仓储机械操作"课程学生应掌握的知识点,通过课程配套的"仓储机械操作"课程的实训要求,满足当前"仓储机械操作"课程基于工作过程的现场教学需要,因此,需要运用"小班化"教学改革与实践。

课题设计是基于"小班化"课程教学改革与实践——以高职物流专业"仓储机械操作"课程为例的规范性和该课程的特点,来开发、设计教学组织形式和教学实施方案等。采用"小班化"教学模式,可以让学生充分享受教学资源,增加每个学生实践操作的时间,因此可以提升学生个体受教育的程度。

采用"小班化"教学,就是将班级分成几个或者若干个小班级,每个小班级配备一名专业老师。教师与每个学生的接触、交流多,不仅能增强师生间的互动关系,而且教师能对个别学生开展一对一的教学,实现教学个性化,由此可以达到提优补差的效果。因此,开展"小班化"教学可以提高每位学生的学习效率和学习效果。

实现"小班化"教学,促进了师生间的互动与交流。当学生遇到难点或者疑点时,先鼓励学生开展小组讨论,并提出解决方案,然后教师再根据学生的讨论方案或者结果,进行指导和点评。通过小组讨论,学生的口头表达能力、社交能力、团队协作精神等在无形中得到了培养和提高。因此，通过"小班化"教学模式有利于激发和挖掘学生的潜能，提高学生的综合素质。

"小班化"教学由于学生人数相对较少，教师不用花大量时间处理学生行为规范、课堂纪律等一些问题，能更好地集中精力关注教学，及时发现并纠正学生不规范的操作，这样就有利于解决实践教学过程中出现的安全与管理的问题。

因此，对于"仓储机械操作"课程实施"小班化"教学改革和实践，深受学生的好评，学生近三年的学评价都在98％以上[1]。在通过开展"小班化"教学改革和实践对该课程的实施结果的学生调研结果中，学生满意度都在95％以上。[2]

二、课题研究成功解决的关键问题

物流产业作为国民经济中一个重要服务行业，随着全球经济一体化的发展，在全球范围内迅速发展。在国际上，物流产业作为国民经济发展的动脉和基础产业，其发展程度成为衡量一国现代化程度和综合国力的重要标志之一。

2009年国务院发布物流产业调整和规划的通知，将物

---

① 资料来源：浙江经济职业技术学院学评价平台。

② 资料来源：作者自行统计的近三年教学效果学生评价问卷调研报告。

流产业上升为国家战略；2011 年国家又将发展海洋经济列入国家战略；2015 年杭州被国务院列入跨境电商示范城市；等等，均为发展物流业提供了契机。物流管理专业人才特别是高端技能型物流人才将迎来更大的发展机遇。随着我国经济的转型升级和国内物流业的迅速发展，物流管理专业人才培养虽然取得了很大的进步，但是与现实人才需求还有一定的距离，物流专业学生专业对口率普遍较低，校企合作人才培养机制虽实行了很多年，但效果不佳。近年来，各高职院校物流管理专业都很重视教学改革，特别是校企合作以后，在小班化教学、实践教学等方面进行了很大的改革和改善。国内不少高职院校都在尝试各种教学改革与实践，但是"小班化"教学改革与实践在物流专业人才以及物流设备课程中完全没有从培养高职物流专业学生的目标来设计教学组织形式，课堂教学缺乏针对性。一些物流设备课程教学组织形式、教学实施方案等不能很好地体现"仓储机械操作"课程的实训思路，与职业岗位能力的要求严重脱钩。本课题研究的是基于"小班化"课堂教学改革与实践——以高职物流专业"仓储机械操作"课程为例需要实现的关键问题，以物流仓储机械设备应用职业工作过程为导向，通过对物流仓储机械知识学习领域核心点的分析，设计与实际教学过程更相符的课堂组织形式、课堂实施方案等，包括整个"仓储机械操作"课程的教学内容、教学大纲、实训教学方案、教学实施计划、教学组织形式、课堂设计等,较好地解决了目前国内高职物流专业"仓储机械操作"课程存在的教学问题。

第三节　社会反响

课题研究成果基于"小班化"课堂教学改革与实践在"仓储机械操作"课程中的应用,在教学过程中,教师掌控课堂纪律更加自如。"小班化"教学丰富的教学方法和手段,增加了师生之间的交流,锻炼了学生的动手能力和创新思维,加强了学生的手脑并用能力,产生了良好的教学效果;通过"小班化"教学改革与实践,促进了同学之间的合作,培养了团队精神,规范了实训教学和安全实训。因此,周边相关高职院校(如浙江育英职业技术学院、浙江经贸职业技术学院)的老师来物流实训基地参观考察后,普遍反映课题成果较好,贴合教学实际。目前,通过共享实训基地的模式,"小班化"教学在其他中职、高职院校中得到了推广应用。

第四节　学术创新和突破

本项目的特色与创新之处是"小班化"教学改革与实践,通过"小班化"教学提高学生个体受教育程度,实现差异化教学,挖掘学生的潜能,提升学生的综合素质,优化和规范了实训教学,保证了实训教学更加安全。

本项目创建了一种新型的学习环境。通过实验"小班化"项目教学,达到培养学生个性,充分发挥学生的主体作用的目标。

本项目实施"小班化"项目教学,学生是主动者,实现课堂教学与学生创新创业融合。

本项目形成物流类实践课程完整的"小班化"课堂教学研究和实践,突破了没有对物流实践课程进行"小班化"课堂研究的局限。

第二章 "小班化"课堂教学改革与实践项目研究综述

第一节 "小班化"教学研究发展历程

"小班化"教学研究的兴起,一方面源于人们对班级授课制的不断反思和批判,另一方面也是教学组织形式改革不断深入的结果。20 世纪 80 年代末以来,我国的小班化教学研究从借鉴欧美国家的相关成果,到逐步深入进行实验探索,在经验教训中得到了发展。我国"小班化"教学研究主要分为三个阶段。

第一阶段是"小班化"教学研究的酝酿阶段(20 世纪 80 年代至 90 年代中期)。这个阶段主要是针对本机授课制存在的不利于因材施教、不利于信息反馈、抑制学生智力发展等问题,建议逐步实行个别化教学,并提出"目前作为过渡时期缩减班级学生人数"的观点,这是我国改革开放以来研究文献中首次出现的关于"小班化"教学的论述。

第二阶段是"小班化"教学的实验研究和推广阶段(20世纪 90 年代中期至 21 世纪初期)。这个阶段,我国"小班化"教学研究侧重于对相关实践的经验总结,不仅有大规模的实践探索,而且重视实践总结,不仅引进国外相关研究成果,更注重与本土的结合。这个阶段的"小班化"教学不再停留于对教学组织形式本身的争论,而是从课程建设、教学策略、教学评价、师资水平等多方面进行分析。

第三阶段是"小班化"教学研究的深入发展和理性反思阶段(21 世纪初至今)。这个阶段人们开始多角度、深入地反思"小班化"教学实践中存在的问题。一方面主要反思小班化教学实施过程中遇到的问题并进行探讨,另一方面是指出实施小班化教学所面临的困难。

第二节　"小班化"教学意义

"小班化"教学改革是适应新的教育发展而出现的,这里既有先前教学组织形式改革经验和教训,又有教学组织形式的新理念。因此,开展小班化教学改革的意义主要表现在以下几个方面。

1. 小班化教学有利于培养学生个性的发展和创造性的培养

"小班化"教学缩小了师生人数的比例,综合了群众教育的优势,又发挥了个性教育的特长,学生最大的潜力得到挖掘和开发,使学生的个性教育和学生的创造性思维不再被压制并得到开发。

2. 小班化教学有利于促进师生的交流

"小班化"教学促进了师生之间交流的概率和频率增加,使每个学生都能得到教师的关怀和辅导,有效保证了教育目标能在全体学生中体现,通过"小班化"教学,以及师生的多次交流,可以有效实施学生素质教育,成为学生素质教育的突破口。

3. 小班化教学有利于促进教学公平

"小班化"教学,由于人少,学生提出的问题能得到有效回答,为实现课堂教学机会均等提供了可能。因此"小班化"教学有利于提升教学的公平性。

第三节 "小班化"课堂教学改革与实践
——以高职物流专业"仓储机械操作"课程为例

"小班化"课堂教学改革与实践——以高职物流专业

"仓储机械操作"课程为例已经在浙江经济职业技术学院实施。"小班化"教学是当代教育教学改革的世界性趋势,是当前课堂教学改革的一项重要举措。在"小班化"教学中,由于学生数量的减少,教师的观念和教学行为方式做出了相应的变化,其综合作用的结果是,不仅师生交往和学生活动频繁增加,而且师生交往和学生活动的质量也明显提高,从而大大改善了课堂教学对学生发展的效果,有助于学生综合素质的提高。

1. 基本情况

浙江经济职业技术学院设有物流管理、报关与国际货运、物流工程技术和智能控制技术等高职专业,现有高职学生 1250 人。学院是浙江省现代物流教育的开创者,其中物流管理是首批省重点专业和国家骨干院校、省示范院校重点建设专业、省优势专业、省首批四年制高职人才培养试点专业(本科),报关与国际货运是中央财政支持建设专业。学院为全国职业教育先进单位。学院所属专业都是依托于学校传统优势和强大的产业背景开设的,尤其是物流管理专业,处于国内领先地位,其中有与浙江工商大学联合举办的首届四年制高职物流管理(智能物流)专业,全省单考单招商业类前 16 名均被学院录取。学院设有国家级示范性实践教学基地,已投入 3000 万元用于物流管理、物流工程技术、报关与国际货运和智能控制技术等软硬件设施建设，其中有两个实训基地受到中央财政资助。学院现有一支以中青年教师为主体、专业结构和年龄结构较为合理的师资队伍，共计 41 人。专任教师中双师素质教师占 92%，高级职称占 42%，硕士以上的教师占 77%。这些教师有丰富的教学经验或企业实践经验，科研实力强，其中有 5 人为浙江省高校中青年学科带头人或专业带头人，1 人为省级名师，2 人为省级教坛新秀。物流管理专业教学团队是省级教学团队，中国物流与采购联合会物流产业发展与职业技能研究中心设在学院。

表 2-1　2017 年物流技术学院物流管理专业班级数与学生数

年级	班级数	年级学生总数	班均人数
2014 级	3	158	53
2015 级	7	199	29
2016 级	7	220	32

资料来源：浙江经济职业技术学院物流技术学院。

　　"仓储机械操作"课程是物流管理专业培养目标之一，是掌握职业岗位服务技能的专业核心课程。主要学习内容包括掌握现代物流仓储设备的基本原理、优化配置方法，正确选购仓储设备及应用，制定设备安全管理等各类管理制度，正确和熟练掌握常用仓储物流设备叉车、起重机、自动化立体仓库的操作以及对该设备检测与保养、故障排除等专业知识与专业技能。本课程自 2001 年开设以来,已有 10 余年的时间。在开设本课程前要求学生先修完"物流管理综合实务""仓储管理实务""物流信息"等前导课程,这样可以为本课程奠定理论基础,课程的学习也为学生今后实习上岗提供了理论和实践基础。因此,学习本课程是物流管理专业完成培养目标的必修课之一,是掌握职业岗位服务技能的核心课程之一。本课程课堂教学设计思路主要以现阶段我们高职教育理念作为指导方针,结合现阶段经济发展水平和区域经济发展,培养多层次、复合型的高技能人才。因此,设计了以企业全程指导、参与课程开发,并以就业为导向,以应用为目标,以实践为主线,以能力为中心的新型教学理念,开展"小班化"教学符合现代物流人才培养的定位标准和满足市场需求的综合性物流人才的需要。

2. "小班化"教学在"仓储机械操作"课程中的实施

整体思路是通过对高职院校物流类实践课程教学现状分析以及"小班化"教学概述来制定"小班化"教学创新研究与实践。通过重组教学内容,将教学内容以订单式教学项目方式供学生选择,实施 5+X,这样既能满足学生共性发展的要求,又能满足学生个性发展的要求。同时在教学过程中引入多种教学方法和用现代教育技术手段,开展多元化的教学评价体系整合成"小班化"教学方案设计。通过该项目的教学效果的监测，把"小班化"教学进行总结和推广。

（见图 2-1）

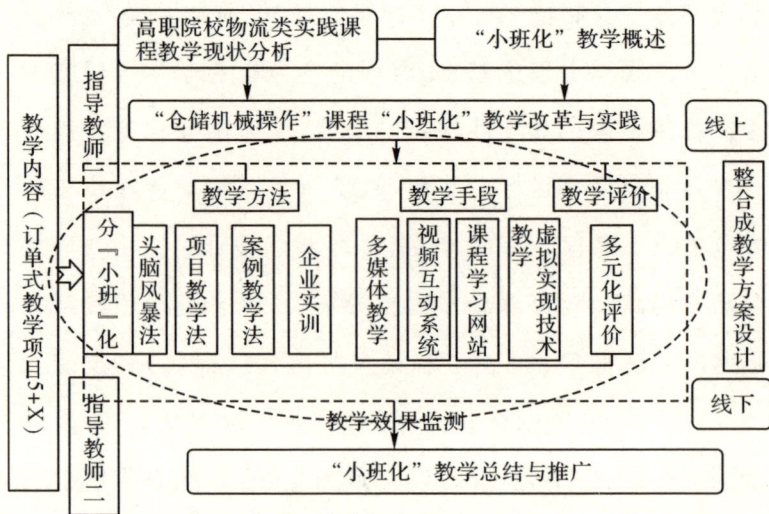

图 2-1　"仓储机械操作"课程整体思路

通过重组教学内容，将教学内容以订单式教学项目供学生选择，实施 5＋X，"5"包括叉车、起重机、装载机、自动化立体仓库、仓储物流设备综合应用项目，这是满足学生共性发展的要求，X 代表项目即可以是老师给定的项目（以下项目仅供参考）如：

（1）互联网＋运输。

（2）互联网＋仓库租赁。

（3）互联网＋设备租赁（托盘）。

(4)互联网＋客服。

(5)互联网＋叉车。

(6)互联网＋起重机(流动式起重机)。

(7)互联网＋售后服务(设备修理)。

(8)基于 PLC 设计起重机控制系统。

(9)基于 PLC 设计输送机控制系统。

(10)基于 PLC 的电梯控制系统优化。

(11)基于 PLC 的升降机控制系统优化。

(12)基于 PLC 与传感器的室内温度控制。

(13)无线传感器网络在智能交通信息采集中的应用。

(14)无线传感器网络在蔬菜园环境监测中的应用。

(15)无线传感器网络在物流仓储系统中的应用。

(16)大数据挖掘在工业物流设备故障诊断中的应用。

(17)大数据挖掘在电力企业的窃漏电用户自动识别中的应用。

(18)无人驾驶叉车的应用研究。

(19)无人驾驶飞机在快递中的应用研究。

(20)无人技术在现代仓储中的应用研究。

以上是学生创新创业项目,满足学生个性发展的要求。在实施过程中将一个大班级分成 2 个小班级,实现"小班化",并且分别由一位老师带领一个项目进行教学工作,对于"X"项目,由带队老师全程指导,符合预期的推荐到学院或学校进行创新创业项目申报。同时在教学过程中引入多种教学方法并进行合成,当然不同的项目使用的教学方法是不一样的。在解决教学中的重点和难点问题时,我们用现代教育技术手段,如视频互动系统、虚拟现实技术、教学微课,实行课堂教学与网络教学混合教学等综合运用。另外,我们引入多元化的教学评价体系,即注重学生过程评价,又兼顾项目评价以及结果的评价体系建设。特别是叉车项目,我们实施课证融通、教考分离,对老师的教学标准与行业、企业标准要一致,因此对教师提出了很高的要求,从而提升了学生技能水平和综合素质能力(其他具体实施详见实施计划与课程设计)。

3. 实施小班化教学的困难

随着教育改革的不断深入,"小班化"是一个方向,也是一个趋势,但我校"仓储机械操作"课程实施小班化教学尚存在很大困难。突出表现为实训场地紧缺、实践教学设备及设施不够健全、学生与教师的比例数达不到标准、各班的学生人数过多等。

（1）师资问题

如果按照小班化教学的班级教师配备(1:16),学校现有学生需要一线教师 76 人,但现有一线教师只有 38 人,缺少 38 人,师资严重不足,且我校学生数近年来正逐年增加,教师缺乏现象将更加严重。

（2）实训场地问题

学校现有两幢实训教学楼，共有 19 间实训室。按现有在校生人数进行小班化或者分小组 25 人/班，至少需要 22 间教室，尚缺 3 间教室。叉车场地也十分紧张，由于与汽车、创业园、驾校等合用场所，现有场地可以保障一个小班化的教学，但是存在一定安全问题。

（3）实践教学设施设备问题

教学设施设备缺乏，部分现代教学实训设备基本都没有，部分仪器设备（装载机、移动起重机）损坏，无力维修已不能使用。自动化立体仓库已经建成 13 余年，系统不稳定，且室内线路老化，存在极大安全隐患。叉车实验室虽有部分实验器材，但因配置多年，大部分都已到报废期限，虽然还能正常使用，但经常出现故障，且现在维修需要招标，严重影响教学工作。

（4）师资队伍的适应能力问题

小班化教育的教学模式跟大班教育不同，对教师提出了更高的要求。教师要关注每个学生的发展机会，也更重视因材施教和每个学生都能学有所得。这些都需要教师去适应，而现在各教师尚不能感受到也缺乏相应的培训。

4.策略及措施

（1）加大教育投入

主要是增加实训场地，更新实训设施和设备。根据学院总体安排，我院近两年来增加实训设备投入共计近 500 万元。与该课程相关的有"智能起重操作平台""VR 物流安全规划系统"等。

（2）加强师资队伍建设

一方面是要加强对教师的培训。"小班化"教育涉及方方面面的内容，对教师的素质提出了更高的要求。特别是在教学中要求教师转变观念，比如"教师不教学生就不会""相信每个学生都能学好"等观念的碰撞，在教学过程中要求教师在教学技能上"一专多能"，在师生关系上，要求教师能够弯下腰来倾听同学们的要求。

另一方面进一步加强兼职教师师资队伍建设，发挥校企合作优势，邀请企业优秀员工和企业高管兼职，以解决师资不足问题。

（3）推进教材编写工作

现行的这一套教材并不能完全适应小班化教育的需要，也不能充分发挥小班化其应有的价值。因此应加强小班化教学课程、教材、教法、评价等的研究工作。鼓励教师与企业人员一起进行合作研究，开展小班化教学课程、教材、教法、评价等的研究工作。

（4）加强理论研究

"仓储机械操作"课程实施小班化课堂教学改革与实

践,针对性地进行理论研究,并取得了阶段性的成果,发表论文 3 篇。

(5)革新教育体系设计

"仓储机械操作"课程制定了新的课程标准、教学大纲、实施纲要、实践教学大纲和课程实践指导书,最主要的是进行了课程实践教学"小班化"课程设计。

(6)加强课程的资源库建设

针对该课程的实际,以及结合小班化的要求,建设了课程公共资源平台、浙江省高等学校精品在线开放课程共享平台以及微信公众号平台(共发布课程微课 25 个),丰富了课程资源库。平台建设也是为适应现代教学的需要,符合新时代"混合制"下线上线下教育教学融合发展的需要。

4. 开展"小班化"教学改革的效果

为了更好地了解"仓储机械操作"课程开展小班化教学改革效果的情况,获取第一手资料,保证课题研究的顺利进行,我们设计了该课程的教学效果的调查问卷,并连续三年跟踪参与该课程的学生和老师,主要从以下 10 个方面的问题开展,累计发放问卷 200 份,回收 200 份,有效 200 份。具体如下(图 2-2、表 2-2):

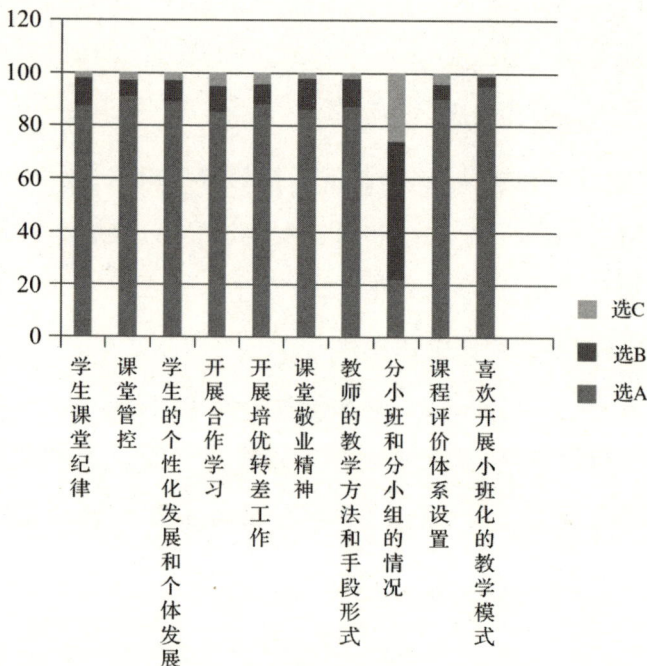

图2-2 调研结果

表2-2 调研报告统计表

序号	问题	选 A （%）	选 B （%）	选 C （%）	备注
1	通过小班化教学,学生课堂纪律是否有提升	168(84%)	22(11%)	10(5%)	
2	教师课堂教学课堂管理（课堂管控)是否有提升	172(86%)	20(10%)	8(4%)	
3	"仓储机械操作"课程开展小班化教学改革是否有利于学生的个性化发展和个体发展	170(85%)	22(11%)	8(4%)	

续 表

序号	问题	选A（%）	选B（%）	选C（%）	备注
4	是否有利于开展合作学习	164（82%）	24（12%）	12（6%）	
5	是否有利于开展培优转差工作	168（84%）	22（11%）	10（5%）	
6	教师的课堂敬业精神是否更好	168（84%）	24（12%）	8（4%）	
7	开展小班化教学后,教师的教学方法和手段形式有无变化	166（83%）	22（11%）	12（6%）	
8	开展小班化教学改革分小班和分小组情况多少人较适合	42（21%）	118（59%）	40（20%）	
9	"仓储机械操作"课程开展小班化教学改革课程评价体系设置是否合理	172（86%）	16（8%）	12（6%）	
10	是否更喜欢开展小班化的教学模式	176（88%）	18（9%）	6（3%）	

（1）调查问卷

"仓储机械操作"课程小班化教学效果调查问卷

为了更好地了解"仓储机械操作"课程开展小班化教学改革效果的情况,获取第一手资料,保证课题研究的顺利进行,我们设计了该课程的教学效果的调查问卷。请参与该课程的学生和教师,认真填写,实事求是,以便更好地开展小班化教学。

1.通过小班化教学,学生课堂纪律是否有提升?

（　　　）

A.很大 　　　　 B.一般 　　　　 C.更差

2.教师课堂教学课堂管理(课堂管控)是否有提升?

（　　　）

A.很大 　　　　 B.一般 　　　　 C.更差

3."仓储机械操作"课程开展小班化教学改革是否有利于学生的个性化发展和个体发展?（　　　）

A.有 　　　　 B.一般 　　　　 C.没有

4.是否有利于开展合作学习?（　　　）

A.有 　　　　 B.一般 　　　　 C.没有

5.是否有利于开展培优转差工作?（　　　）

A.有 　　　　 B.一般 　　　　 C.没有

6.教师的课堂敬业精神是否更好?（　　　）

A.有 　　　　 B.一般 　　　　 C.没有

7.开展小班化教学后,教师的教学方法和手段形式有无变化?（　　　）

A.很多 　　　　 B.一般 　　　　 C.没有

8.开展小班化教学改革分小班和分小组情况多少人较适合?（　　　）

A.10—15人 　　　 B.6—10人 　　　 C.4—6人

9."仓储机械操作"课程开展小班化教学改革课程评价
　体系设置是否合理？　　　　　　　　　　　（　　）
　　A.更趋合理　　　　B.一般　　　　　C.不合理
10.是否更喜欢开展小班化的教学模式？　　　　（　　）
　　A.喜欢　　　　　　B.一般　　　　　C.不喜欢

（2）调查问卷统计结果分析

　　通过以表2-2的统计结果我们可以得知，"小班化"教学
形式下教学内容的差异性以及教学评价体系的改革与实
践，实践效果很好，主要是发挥了"小班化"教学的优势，主
要包括以下几个方面。

　　①提升学生个体受教育的程度。采用"小班化"教学模
式，可以让学生充分享受教学资源，增加每个学生实践操作
的时间，因此可以提升学生个体受教育的程度。

　　②实现差异化的教学。采用"小班化"教学，就是将班
级分成几个或者若干个小班级，每个小班级配备一名专业
老师，这样教师与每个学生的接触、交流就多，增加了师生
间的互动。教师能对个别的学生开展一对一的教学即实现
了教学个性化，由此可以达到提优补差。因此，开展"小班
化"教学可以提高每个学生的学习效率，使其取得良好的学
习效果。

　　③挖掘学生潜能，提高学生的综合素质。实现"小班

25

化"教学,促进了师生间的互动与交流,当学生遇到难点或者疑点时,先鼓励学生开展小组讨论,并提出解决方案,然后教师再根据学生的讨论方案或者结果,进行指导和点评。通过小组讨论,学生的口头表达能力、社交能力、团队协作精神等,在无形中得到了培养和提高。因此,通过"小班化"教学模式有利于激发和挖掘学生的潜能,提高学生的综合素质。

④促进和规范实践教学的安全。采用"小班化"教学由于学生人数相对较少,教师不用花大量时间处理学生行为规范、课堂纪律等问题,能更好地集中精力关注教学,及时发现并纠正学生不规范的操作和安全事项,这样就有利于解决实习过程中安全与管理的问题。

(3)调查问卷统计结论

总之,从调研图表中我们可以得知,学生更喜欢开展"小班化"的教学模式,"小班化"教学有利于提升课堂纪律,有利于学生的个性发挥,有利于学生的团队合作,有利于教师的课堂掌控,有利于培优转差,有利于运用更多的教学方法和教学手段,有利于对该课程的合理设置教学评价体系。

第三章 "小班化,分层次"教学改革与实践——以高职物流专业"仓储机械操作"课程为例

第一节 研究背景与意义

《浙江省高校课堂教学创新行动计划(2014—2016)》中总体要求:强化推进教学创新的政策导向,营造重视课堂教学的良好氛围;建立健全基层教学组织,广泛开展有效教研活动;深化课程改革,全面推行弹性学分制,扩大学生学习选择权;优化教学方式,扩大小班化教学,推广分层教学,不断提高课堂教学质量。实践教学是高职院校职业教育教学中的重要环节,在职业教学中发挥着重要的作用,是高职人才培养的重要的一部分。高职院校物流专业"仓储机械操作"课程是专业的核心课程,是一门集理论性、实践性、应用

性、综合性于一体的专业课。将"小班化、分层次"教学模式有机融合到高职院校物流专业"仓储机械操作"课程实践教学中,发挥学生的主体与教师的主导作用,可以降低课程学习难度,提高学生学习兴趣,激发学生的动力与热情,有利于增强实践教学的效果。

"小班化、分层次"的教学形式、教学内容的差异性以及教学评价体系的教学改革与实践,其目的与意义主要有以下几点。

一、提升学生个体受教育的程度

采用"小班化、层次化"教学模式,可以让学生充分享受教学资源,增加每个学生实践操作的时间,因此可以提升学生个体受教育的程度。

二、实现差异化的教学

采用"小班化、层次化"教学,就是将班级分成几个或者若干个小班级,每个小班级配备一名专业老师,这样教师与每名学生的接触、交流就多,这增加了师生间的互动关系。教师能对个别的学生开展一对一的教学即实现了教学个性化,由此可以达到提优补差。因此,开展"小班化、层次化"教学可以提高每名学生的学习效率和学习效果。

三、挖掘学生潜能,提高学生的综合素质

实现"小班化、层次化"教学,促进了师生间的互动与交流,当学生遇到难点或者疑点时,先鼓励学生开展小组讨论,并提出解决方案,然后教师再根据学生的讨论方案或者结果,进行指导和点评。通过小组讨论,学生的口头表达能力、社交能力、团队协作精神等,在无形中得到了培养和提高。因此,通过"小班化、层次化"教学模式有利于激发和挖掘学生的潜能,提高学生的综合素质。

四、促进和规范实践教学的安全

采用"小班化、层次化"教学由于学生人数相对较少,教师不用花大量时间处理学生行为规范、课堂纪律等问题,能更好地集中精力关注教学,及时发现并纠正学生不规范的操作和安全事项,这样就有利于解决实习过程中安全与管理的问题。

二、"小班化、分层次"教学在"仓储机械操作"课程改革中的应用

"仓储机械操作"课程是物流管理专业培养目标之一,是掌握职业岗位服务技能的专业核心课程。主要内容包括掌握现代物流仓储设备的基本原理、优化配置方法,正确选

购仓储设备及应用,制定设备安全管理等各类管理制度,正确和熟练掌握常用仓储物流设备叉车、起重机、自动化立体仓库的操作以及对该设备检测与保养、故障排除等专业知识与专业技能。

第二节　课程定位与设计思路

一、课程基本情况

本课程自 2001 年开设以来,已有 10 余年的时间。在开设本课程前要求学生先修完"物流管理综合实务""仓储管理实务""物流信息"等前导课程,这样可以为本课程奠定了理论基础,通过课程的学习也为学生今后实习上岗提供了理论和实践基础。本课程是物流管理专业培养目标之一,是掌握职业岗位服务技能的核心课程之一。

1.设计思路

本课程课堂教学设计思路主要以现阶段我们高职教育理念作为指导方针,结合现阶段经济发展水平和区域经济发展,培养多层次、复合型的高技能人才。因此设计了以企业全程指导、参与课程开发,并以就业为导向,以应用为目标,以实践为主线,以能力为中心的新型教学理念,开展"小班化、层次化"教学符合现代物流人才培养的定位标准和满足市场需求的综合性物流人才的需要。

2.职业能力

通过改革将该课程的职业能力将分为社会能力、专业知识能力以及专业技能能力,见图3-1。

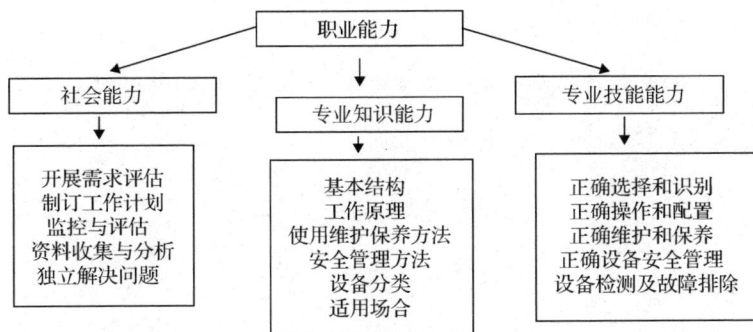

图 3-1 课程的职业能力

二、课程教学内容设计

1.学情分析

约有 500 名普高生和高职生参与了调查,结果显示普高生的基础知识比较扎实,理解能力较强,但是动手能力偏弱,因此要着重提升专业核心能力,这样的学生应加强适岗通用能力培养;而高职生显示基础知识和理解能力偏弱,动手能力则较强,因此要加强基础教育,重点培养专业技能,这样的学生应加强顶岗能力培养。

2.能力标准

依据欧盟物流管理专业标准和我国高等职业教育物流管理专业标准以及现阶段行业协会物流管理专业标准,结合岗位职业资格标准,将岗位典型工作任务转化为学习课程,并以此来设计本课程,以工作过程为导向,以各种专项能力为标准。

3.课程目标

通过教学改革,将本课程的目标定位为知识目标、能力目标、素质目标。具体见图 3-2。

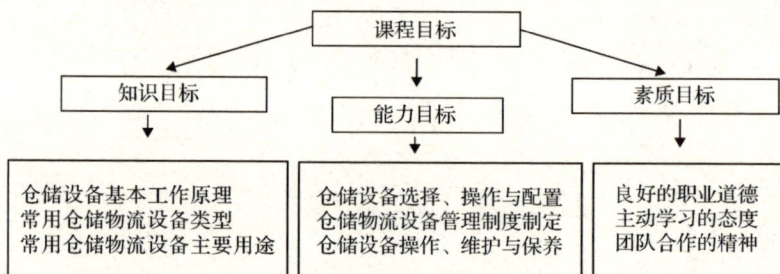

图 3-2 "仓储机械操作"课程目标

4.教学内容

通过"小班化、分层次"教学在"仓储机械操作"课程中教学的实践,教学内容以项目教学法为主,主要以典型设备操作贯穿教学的整个过程,在完成规定操作的同时进行"必需"的理论知识学习与拓展。具体项目教学内容、学时分配、实施步骤见表 3-1、表 3-2、图 3-3、图 3-4 所示。

表 3-1　教学内容

项目	工作任务	能力要求
仓库装卸搬运设备	叉车合理选用	能根据实际要求配置合适的叉车
（叉车）操作与管理	叉车的正确操作使用	能制定叉车设备管理制度
	正确维护保养叉车	
自动化立体仓库	熟练操作自动化仓库	能掌握自动化仓库设备管理系统工作原理
设备操作与管理	设备管理系统	能制定仓储管理制度
	起重机械操作与管理	
设备操作与管理	选择合适的起重机械进行作业	能根据装卸生产需要配置合适的设备
	对起重机械设备进行维护保养	能制定起重机械管理制度
装载机操作与管理	选择合适装载机	能根据作业需要配置合适的设备
	装载机的正确操作	能制定设备管理制度
	正确维护保养装载机设备	
仓储机械操作设备综合运用	根据工作任务选择几种合适的设备进行操作并完成工作任务	能对各种设备进行配置与应用

表 3-2　学时分配

课程内容	学时分配			实训课时占总课时比例
	理论	实践	合计	
叉车	2	38	40	
装载机	2	12	14	
起重机	2	6	8	

续　表

课程内容	学时分配			实训课时占总课时比例
	理论	实践	合计	
自动化立体	4	8	12	80.95%
仓储机械综合	2	4	6	
复习＋理论考试	4	0	4	

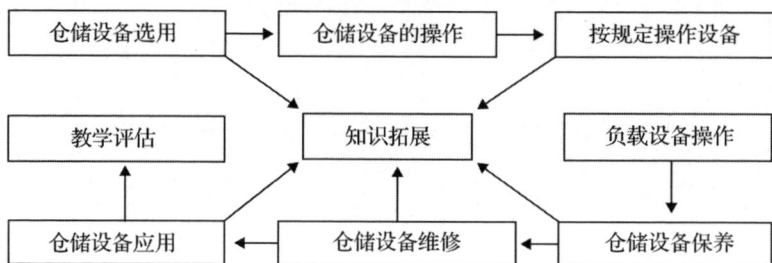

图 3-3　设备操作流程

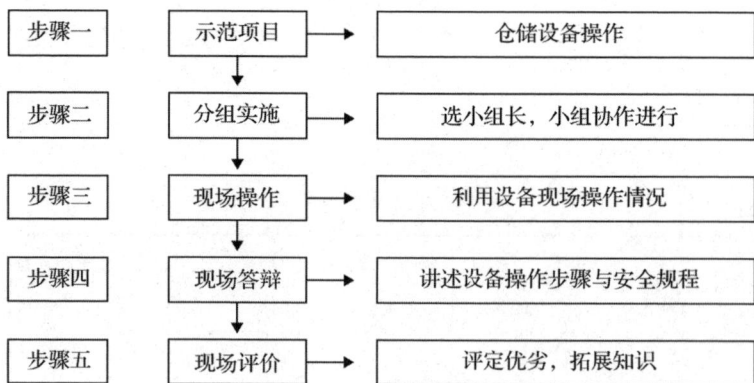

图 3-4　课程实施步骤

三、教学资源

1. 教学团队

"小班化、分层次"教学在"仓储机械操作"课程中的教学改革与实践,促进了教学团队的合理配置与提升。在教学团队中以专业教师为主,兼职教师为辅,专、兼教师相结合,优化了教师队伍的结构层次。

2. 实训基地

实训基地是高职院校人才培养的重要场所,因此重视和加强校内、外的实训基地建设是学校硬件设施的重要组成部分,是学校人才培养的重要一环。搞好实训基地建设,优化配置实训设施,是保证课堂实训项目正常开展的基础。"小班化、分层次"教学需要实训基地的硬件和软件升级,以适应新的教学改革的需要,所以针对该课程建成了校内物流技术设备实训基地、自动化仓储配送实训基地、物流中心综合实训基地;校外在浙江物产物流(杭州)基地、浙江八方物流有限公司、杭州统冠物流有限公司等10余家企业建立了实训基地。

3. 教学资源库建设

教学资源库是实现学生自主选择学习的一个重要平台,为此,本课程建立了以下两种资源库。

(1)教材建设

通过与企业合作,开发了基于工作岗位能力和工作任务的教材,有利于教材内容贴近实战,贴近用人单位。

(2)网站与微课建设

课程网站是学生选择自主学习的重要平台。在课程网站,不但有课程标准、教学内容,而且还有微课视频等内容,有利于学生利用业余时间自主学习。

四、课程教学方法与手段

1.教学方法

针对高职院校学生的特点,结合本课程的实际,采用"小班化、层次化"教学后,要做到因材施教,老师就必须根据教学内容选择不同的教学方法。因此本课程理论知识着重应用了多媒体教学、案例教学等;实践教学主要应用项目教学法(如叉车项目、装载机项目等),角色扮演教学法主要应用于仓储机械综合运用,让学生充当各种角色来共同完成该项目。

2.教学手段

教学手段是指师生教学相互传递信息的工具、媒介或设备。应用不同教学手段,吸引和感染学生时将产生不同的效果。为解决在教学中的重点和难点问题,本课程着重应用了模拟技术(如叉车项目)、虚拟现实技术(如起重机项目、装载机项目)和视频互动系统(如仓储机械操作综合运用项目)。借助现代化的技术设备在教学中的应用,能让学生获得活生生的感性认识,引起他们求知的兴趣,很好地解决了实训设备场地真实再现企业实际工作场景的问题。

五、课程教学评价

实施"小班化、层次化"教学的教学评价是我们这次课堂教学改革的重要目标之一,在教学评价中,充分发挥兼职教师和学生的作用,因此,在教学评价中部分项目由兼职教师来打分,有些项目由学生进行互评,有些项目由教师、兼职教师、学生共同完成。既注重过程评价,又兼顾项目评价以及结果的评价体系建设。具体评价细则见下表 3-3。

表 3-3　课程评价体系

考核	考核项目	鉴定标准
素质 考核 15%	学习态度 5%	遵守课堂纪律,不迟到,早退
	基本知识问答 10%	上课回答问题,口齿清晰,回答正确
实训 考核 50%	叉车 20%	叉车操作(由兼职教师、专任教师、若干学生组成评价组)
	装载机 10%	装载机操作(由兼职教师、专任教师、若干学生组成评价组)
	起重机 10%	起重机操作
	自动化立体仓库 10%	自动化立体仓库操作(由兼职教师、专任教师、若干学生组成评价组)
理论 考核 35%	试卷测试理论知识 30%	对所学的专业知识全面考核
	实训报告 5%	对所学的知识能归纳、总结、运用

第三节 "小班化、分层次"教学的实施效果 与改革方向

一、"小班化、分层次"教学的实施效果

"小班化、分层次"教学效果显著,并取得了阶段性的成果,主要表现在以下几个方面:

1. 学生素质不断提升

教学改革,最终受益的还是学生,通过"小班化、分层次"教学改革,我们学院物流管理专业毕业生就业率逐年提高,近年来签约率都在98％以上,专业对口率在60％以上;毕业生深受行业、企业欢迎,评价很高,部分学生经过几年的锻炼,由基层走向管理层。

2. 学生技能成绩突出

通过教学改革,提升了学生的技能水平。在近几年浙江省物流竞赛中连续三届获得了一等奖,在全国物流技能竞赛中荣获二等奖;与该课程相关的课程综合实践、毕业综合实践项目质量有了很大的提升。

3. 教师水平的提升

通过教学改革,学院教师与校企、行业协会合作开发教材,出版了《物流设备应用与管理》并参与了其他教材的开

发、编著工作,在教学过程中,运用了新的教学方法与手段,效果显著;教师的科研也取得了显著成绩,教师申请的课题与发表的论文数量与质量有了很大的提升。

4.实现了区域教学资源的共享

本课程的教学资源库为区域院校、行业、企业提供了共享资源,并针对该课程实现了区域共享教学、培训等工作。

二、今后改革方向

1.动态更新教学内容,满足企业发展的需要

社会在发展,企业在转型升级,人才培养要适应新形势,教学内容要紧贴企业用人的需要,因此要及时、调整和更新教学内容,以满足企业用人和企业发展的需要。

2.网络课程建设

课程资源库建设,是课堂教学的有益补充,是可以培养学生的自主学习能力和开发学生的创新创业意识的重要资源库。将本课程建设成为国内同行认可的优质课程,是今后的发展目标。

3.加强校内实训室和校外实训基地建设

实训基地是高职院校人才培养的重要场所,是课堂教学的重要设施,因此加强和重视校内外的实训基地建设,有助于更好地为人才培养提供良好的环境。特别要加强产业

学院实训基地的建设,为进一步深化工学交替或者现代学徒制人才培养模式提供实战化场地。

第四节　小结

"小班化、层次化"教学改革与实践充分体现了以学生为中心,符合当代职业教育"以就业为导向、以能力为本位"的教育理念。"小班化、层次化"教学模式不仅增加了师生间的接触和互动关系,提高了教师的教学质量,而且促进了对学生个体潜能的发展。

第四章　高职物流专业"仓储机械操作"课程混合式教学改革与实践

　　混合式教学并不是一种全新的教学方法或理论,而是随着教育信息化的深入,逐渐受到了普遍的关注。它主张把传统教学的优势和数字化(网络化)教学的优势结合起来,二者优势互补,从而获得更佳的教学效果。因此混合教学法已在多门学科课程教学中得到了广泛的应用,也取得了阶段性的成果。在前期的教学实践基础上,文章以构建"仓储机械操作"课程混合式教学进行改革与实践。

第一节　"仓储机械操作"课程的特点

　　"仓储机械操作"课程是物流管理专业培养目标之一,是掌握职业岗位服务技能的专业核心课程。主要内容包括现代物流仓储设备的基本原理、优化配置方法,正确选购仓

储设备及应用,制定设备安全管理等各类管理制度,正确和
熟练掌握常用仓储物流设备叉车、起重机、自动化立体仓库
的操作以及对该设备检测与保养、故障排除等专业知识与
专业技能。

第二节 "仓储机械操作"课程混合教学改革的构建

一、"仓储机械操作"课程混合教学设计思路

学院办学具有强大的产业背景与行业引领性集团的支
撑,与世界 500 强企业——物产中大集团有着紧密的产学
合作关系。本课程依托物产中大集团和其他校企合作企
业,将它们的物流企业引入课堂教学讲解案例中,并将企业
仓储管理运作、物流设备应用与管理作为课程设计的任务,
从而使学生在课堂中听到、学到的内容都是企业生产实际
的案例,让学生能够学以致用,产生强烈的专业爱好感。将
课程内容与市场相结合,促进学生学会现场管理,具备该课
程的现场管理、操作、调度的能力,并学会处理实际问题,从
而大大提高了课堂教学效率,提高了教学质量。

因此,该课程混合教学组织上采取课前布置学习任务,
课中课堂教学讲授和实训,课后有反馈的教学设计思路(即
线上与线下交替混合教学模式)。

二、"仓储机械操作"课程教学目标

通过对该课程开设情况的调研分析,结合现阶段经济发展水平和区域经济发展状况,该课程的教学目标是培养多层次、复合型的高技能人才。因此设计了以企业全程指导、参与课程开发,并以就业为导向,以应用为目标,以实践为主线,以能力为中心的新型教学理念,开展混合教学模式符合现代物流人才培养的定位标准,满足了市场需求的综合性物流人才的需要。图 4-1 是该课程的教学目标。

当然,为了完成本课程的学习,学生应先修完"物流基础""物流管理实务"等基础性课程,它们为这门课程的开展提供了理论基础。

三、"仓储机械操作"教学资源平台的搭建

网络教学资源平台是开展线上教学的重要平台,是提高教学质量的重要因素之一,课程组成员通过对学生的调研,结合线上线下教学的实际,重构课程内容体系,将校企合作企业引入课程教学案例以及课程的设计中,运用视频互动系统和微视频实现企业再现,并通过网络教学资源平台实现教学目标,从而搭建了整个网络教学资源平台。

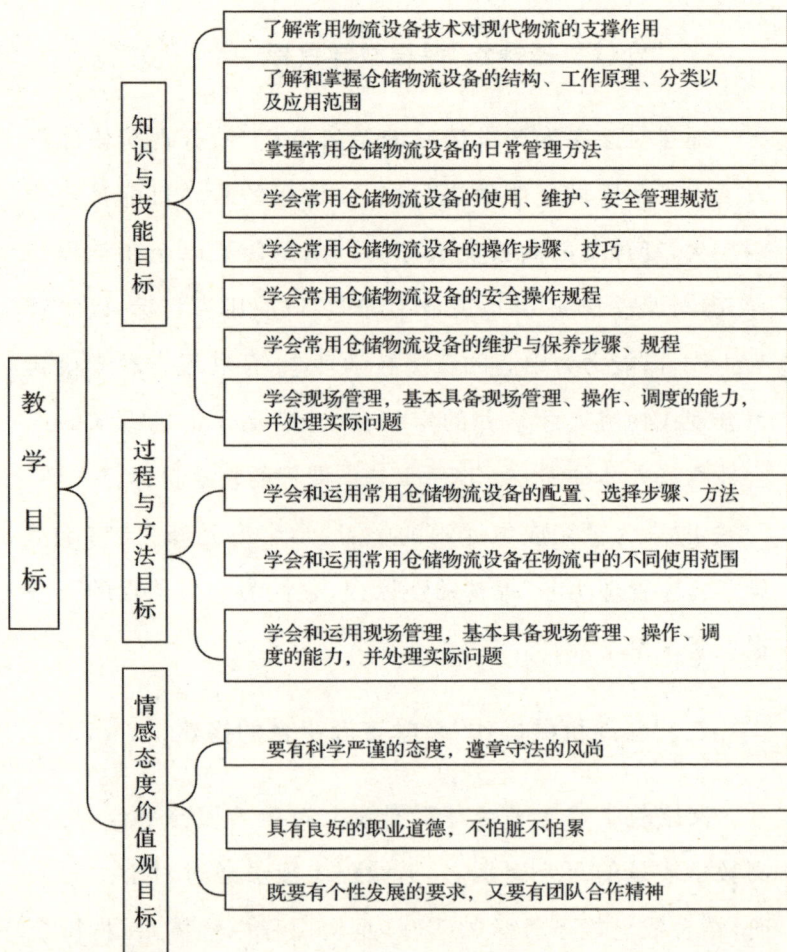

图 4-1　课程教学目标

四、"仓储机械操作"教学内容的构建

根据该课程实际将课程划分为 4 大单元（模块），每个单元（模块）包含若干个子单元，具体划分见表 4-1。

表 4-1　课程单元划分

序号	单元名称	子单元名称
1	叉车	1. 叉车的特点、用途及分类；叉车的结构与工作原理，叉车的主要技术参数等 2. 叉车安全操作规程，叉车行驶及装卸货物的基本操作知识 3. 叉车的选型与配置，叉车的维护与保养 4. 叉车实训一：叉车的行驶实训（叉车的起步、停车、直线行驶、倒退、定点停车） 5. 叉车实训二：叉车"S"形操作技巧，叉车的倒库操作技巧 6. 叉车实训三：叉车装卸货物实训（定点实训） 7. 叉车实训四：叉车综合实训（叉车按指定路线行驶，装卸指定的货架储位） 8. 叉车实训五：叉车技能考核（按考核要求进行叉车的装卸、搬运工作）
2	自动化立体仓储	1. 自动化立体仓库的特点、用途及分类；自动化立体仓库的结构与工作原理 2. 自动化立体仓库安全操作规程，自动化立体仓库基本操作知识 3. AGV 的结构与工作原理，AGV 导航方式 4. AGV 的选型与配置，AGV 的维护与保养 5. 自动化立体仓库的选型与配置，自动化立体仓库的维护与保养 6. 自动化立体仓库实训一：自动化立体仓库的实训，利用触摸屏将货物进行出入库操作 7. 自动化立体仓库实训二：利用监控机进行出入库操作技巧 8. 自动化立体仓库实训三：利用上位机（WMS 系统）进行出入库操作技巧 9. 自动化立体仓库实训四：自动化立体仓库实训综合，根据客户实际需求建立客户名称、添加物料，按照入库单和出库单进行准确操作 10. 自动化立体仓库实训五：自动化立体仓库操作技能考核（按考核要求进行出入库操作）

序号	单元名称	子单元名称
3	起重机	1.起重机的概述,起重机械的分类、组成与作用 2.起重机结构、特点、工作原理与性能参数 3.起重机的安全操作规程、操作步骤,起重机的配置与选型 4.起重机的维护与保养工作 5.实训一:起重机的吊装作业 6.实训二:起重机的负载吊装作业与指挥操作实训 7.实训三:起重机的考核实训
4	自动分拣系统	1.分拣设备概念,自动化分拣设备基本构成与工作原理,自动分拣设备的主要类型与配置、选型 2.自动识别系统的分类与应用,连续输送设备的类型与应用与配置、选型 3.实训一:自动分拣系统的出入库操作 4.实训二:自动分拣系统的分拣操作 5.实训三:自动分拣系统的维护与保养 6.实训四:根据案例先进行设备的配置与选择,并运用各种设备进行出入库(含分拣)操作 7.实训五:自动化分拣系统考核(按考核要求对客户出库物品进行自动分拣操作)

五、"仓储机械操作"教学组织形式构建

本课程教学组织上根据不同的项目采用不同的组织形式,但是一般都经历以下阶段,包括提前布置学习任务,学生提前学习有关资料,开展网络讨论或者网络互动,完成相关的作业,课中以教师课堂讲授、课堂讨论、分小组讨论、学生代表汇报、课后作业反馈等形式。具体混合教学组织流程如图 4-2。

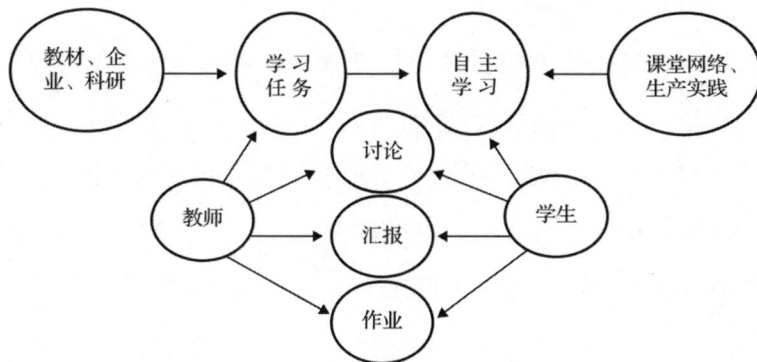

图 4-2 混合教学组织流程

六、"仓储机械操作"教学评价体系的构建

1. 考核方式

本课程采取平时成绩＋项目化考核＋综合理论测试的方式进行考核。

2."仓储机械操作"课程评价方式及比例

表 4-1 总评成绩评定项与比值表

	平时成绩	期末卷面	项目一（叉车）	项目二（自动化仓储）	项目三（起重机）	项目四（自动分拣系统）
分值	10	30	20	20	10	10
百分比	10	30	20	20	10	10

注：项目可为平时、期末卷面、实践操作、模块等。

（1）平时成绩（共 10 分，占分比 10％）

根据要求学生积极参与到课堂内外的面对面讨论和网上讨论中。评价标准：课堂参与共计 4 分，缺席一次扣 2 分，两次扣 4 分，三次本课程将无成绩，缺席课程需要当面或发电子邮件向任课教师请假。网上报告与讨论共计 6 分，要求学生在每次课堂前提交预习报告，课后提交反思报告，本学期课程共有 6 次预习报告和 6 次反思报告，缺一次扣 1 分。

（2）项目成绩（共 60 分，占分比 60％）

①项目之一：叉车操作技巧（共 20 分，占分比 20％）。

表 4-2 叉车操作技巧评分标准表

项目号	项目名称	操作流程与考核标准	分值	扣分	得分
1	叉车操作技巧	第一步：甲库起步 1.上车检查各仪表，检查是否在空挡 2.启动，按喇叭，检查各仪表 3.升货叉，离地 30 厘米以上 4.踩脚刹和离合，挂前进挡 5.按喇叭，放手刹，起步	5		
		第二步：行进至乙库，拆垛堆垛物件 1.入库前，升（降）货叉（车辆行驶中操作） 2.对准货物重心叉货 3.踩脚刹和离合，挂空挡 4.拉手刹，按喇叭 5.升货叉：先后倾再起升（使货物的重心靠后） 6.升降货叉，离地 30 厘米以上 7.踩脚刹和离合，挂倒挡 8.按喇叭，放手刹，倒车	20		

项目号	项目名称	操作流程与考核标准	分值	扣分	得分
1	叉车操作技巧	第三步:后退至载有堆垛物件的货叉完全退出堆垛架 1.踩离合和脚刹,挂空挡 2.挂前进挡,按喇叭,前进 3.入库前,升(降)货叉(车辆行驶中操作)对准货架的另一层准备卸货	10		
		第四步:前进并将堆垛物件堆垛至堆垛架另一层 1.踩离合和脚刹,挂空挡 2.拉手刹,按喇叭 3.放货叉:先下降,再前倾 4、踩离合和脚刹,挂倒挡 5、按喇叭,放手刹,倒车	10		
		第五步:后退至丁库 1.踩离合和脚刹,挂空挡 2.挂前进挡,按喇叭,前进	5		
		第六步:前进至丙库叉货 1.入库前,升(降)货叉(车辆行驶中操作) 2.对准货物重心叉货 3.踩脚刹和离合,挂空挡 4.拉手刹,按喇叭 5.升货叉:先后倾再起升(使货物的重心靠后) 6.升降货叉,离地30厘米以上 7.踩脚刹和离合,挂倒挡 8.按喇叭,放手刹,倒车	20		
		第七步:后退至丙库 1.踩离合和脚刹,挂空挡 2.挂前进挡,按喇叭,前进 3.入库前,升(降)货叉(车辆行驶中操作) 4.对准货架的另一层准备卸货	5		
		第八步:进入丙库堆货架至另一层卸货 1.踩离合和脚刹,挂空挡 2.拉手刹,按喇叭 3.放货叉:先下降,再前倾 4.踩离合和脚刹,挂倒挡 5.按喇叭,放手刹,倒车	20		

续　表

项目号	项目名称	操作流程与考核标准	分值	扣分	得分
1	叉车操作技巧	第九步:后退至甲库停车 1.踩离合和脚刹,挂空挡 2.拉手刹 3.放货叉至地面 4.熄火	5		
		有下列情况之一者扣3分 1.操作前不检查设备运行状况,违反设备操作安全规定 2.出入库操作顺序错误 3.设备输送货物有停顿现象 4.操作时间5分钟后每超出20 s 4.工作结束后,不切断电源			
		扣分合计			
		考核得分(满分100分)			

注:按100分打分再进行换算。

②项目之二:自动化立体仓库操作技巧(共20分,占分比20%)。

表 4-3　自动化立体仓库操作技巧评分标准表

项目号	项目名称	操作流程与考核标准	分值	扣分	得分
2	自动化立体仓库货物出入库操作	自动化立体仓库货物出入库操作 1.按老师给定的任务进行出入库操作(10分) 2.基础数据录入(20分) 3.入库操作(20分) 4.出库操作(20分) 5.盘点操作(10分) 6.严格遵循实训室的有关规定,注意安全,并保持安静(5分) 7.不得随意翻动货架上的货物(5分) 8.未经许可不得随意进入相关区域(5分) 9.考试过程中任何人不得提示,各人独立完成操作(5分)	100		

续　表

项目号	项目名称	操作流程与考核标准	分值	扣分	得分
2	自动化立体仓库货物出入库操作	有以下情况之一者扣 10 分 1.严重违反安全操作规程 2.不能完成货物的出入库 3.因操作不当造成设备停止运行的			
		有下列情况之一者扣 5 分 1.不能按指定的货位出入库操作 2.超过规定时间 1 分钟 3.违反安全操作规程一次 4.各个操作重复次数超过两次 5.没将货物送到准确位置 6.出入库地址输错一次 7.不能正确处理设备故障 8.设备空运行一次			
		有下列情况之一者扣 3 分 1.操作前不检查设备运行状况 2.基础数据输入不全 3.出入库操作顺序错误 4.设备输送货物有停顿现象 5.工作结束后,不切断电源			
		扣分合计			
		考核得分(满分为 100 分)			

注:按 100 分打分再进行换算。

③项目之三:起重机操作技巧(共 10 分,占分比 10%)。

表 4-4　起重机操作技巧评分标准表

项目号	项目名称	操作流程与考核标准	分值	扣分	得分
3	起重机操作技巧	1.按老师指定的任务要求进行吊装操作(10 分) 2.吊装前的准备工作(10 分) 3.起吊操作(20 分) 4.指挥操作(10 分) 5.行走操作(10 分) 6.卸装操作(20 分) 7.严格遵循实训室的有关规定,注意安全,并保持安静(5 分) 8.不得随意翻动货架上的货物(5 分) 9.未经许可不得随意进入相关区域(5 分) 10.考试过程中任何人不得提示,各人独立完成操作(5 分)	100		
		有以下情况之一者扣 10 分 1.严重违反安全操作规程 2.不能完成货物的吊装操作 3.未按指挥要求进行作业 4.因操作不当造成设备停止运行的			
		有下列情况之一者扣 5 分 1.不能按指定的要求吊装操作 2.超过规定时间 1 分钟 3.违反安全操作规程一次 4.各个操作重复次数超过两次 5.没将货物送到准确位置 6.吊装操作地址输错一次 7.不能正确处理设备故障 8.行走激烈晃动			
		有下列情况之一者扣 3 分 1.操作前不检查设备运行状况 2.吊装操作顺序错误 3.吊装货物有停顿现象 4.工作结束后,不切断电源			
		扣分合计			
		考核得分(满分为 100 分)			

注:按 100 分打分再进行换算。

④项目之四:自动分拣系统操作技巧(共 10 分,占分比 10%)。

表 4-5　操作流程及考核标准评分标准

项目号	项目名称	操作流程与考核标准	分值	扣分	得分
4	自动分拣系统操作技巧	1.按老师指定的任务要求进行自动分拣系统操作(10 分) 2.自动分拣系统操作的准备工作(10 分) 3.基础数据操作(10 分) 4.出库操作(10 分) 5.分拣操作(10 分) 6.二次分拣操作(20 分) 7.入库操作(10 分) 7.严格遵循实训室的有关规定,注意安全,并保持安静(5 分) 8.不得随意翻动货架上的货物(5 分) 9.未经许可不得随意进入相关区域(5 分) 10.考试过程中任何人不得提示,各人独立完成操作(5 分)	100		
		有以下情况之一者扣 10 分 1.严重违反安全操作规程 2.不能完成货物的分拣操作 3.未按指定要求进行分拣作业 4.因操作不当造成设备停止运行的			
		有下列情况之一者扣 5 分 1.不能按指定的要求分拣操作 2.超过规定时间 1 分钟 3.违反安全操作规程一次 4.各个操作重复次数超过两次 5.没将货物送到准确位置 6.分拣操作地址输错一次 7.不能正确处理设备故障			
		有下列情况之一者扣 3 分 1.操作前不检查设备运行状况 2.分拣操作顺序错误 3.分拣货物未能一次性分拣完成 4.工作结束后,不切断电源			
		扣分合计			
		考核得分(满分为 100 分)			

注:按 100 分打分再进行换算。

⑤理论综合运用考试(共 30 分,占分比 30%)

考试时间:80 分钟。考试形式:开卷。题型与分值比例见表 4-6。

表 4-6 题量及分值

题型	填空题	单选题	多选题	简答题	问答题	综合分析题(计算题)	汇总
预计用时	8	7	10	25	10	20	80
题量	5	10	10	6	2	1	34
总分值	10	15	20	30	10	15	100
备注							

第三节 小 结

以学生为主体,以教师为主导的在线教育与课堂教学混合式教学模式是顺应时代发展需要,符合高职人才培养模式,提高学生的学习兴趣,发挥学生潜能,驱动学生的主动性和创造性的一种新的教学模式。混合式教学改革与实践,不仅发挥了学生的主动性,而且还促进了教学质量的提升。

第五章 思政教育融入专业课程的改革
——以"仓储机械操作"课程为例

第一节 研究背景与意义

在 2016 年 12 月 7 日北京召开的全国高校思想政治工作会议上,习近平总书记提出要坚持把立德树人作为中心环节,把思想政治工作贯穿教育教学全过程,实现全程育人、全方位育人,努力开创我国高等教育事业发展新局面(资料来源:中华人民共和国中央人民政府网站)。

2017 年 2 月 21 日,夏宝龙在浙江省高校思想政治工作会议上强调立德树人要成为高校立身之本,要上好思想政治理论课,推动"思政课程"向"课程思政"转变,在改进中加强,在创新中提高,让思想政治理论课真正活起来、好听起来、入心入脑,成为学生真心喜爱、终身受益的人生大课。

将思政教育融入专业课程,其目的是推动"思政课程"向"课程思政"的立体化育人转型,有助于构建思想政治理论课、综合素养课程、专业课程三位一体的高校思想政治理论教育课程体系。促进思政教育融入专业课程是推动在知识传授中强调人生观、价值观的课程改革。同时是促进和摸索出如何以专业技能知识为载体加强大学思想政治的课堂教育途径。

第二节　思政教育融入专业课程的现状分析

将思政教育融入专业课程的改革是一个全新的教育模式,现阶段主要存在以下几个方面的问题:

一、教学体系方面

由于思政教育融入专业课程是一个全新的研究课题,在现阶段还没有形成配套的思政课程与专业课程结合的教学体系,特别是在高职物流专业"仓储机械操作"课程方面,如何将课程思政与"仓储机械操作"课程融合,更是少之又少,因此需要进一步的探讨和研究。

二、教师和学生层面

教师是高级知识分子,具有很高的专业知识和专业技能,同时人文素养也不错,但是如何通过专业课程将自己的人文素养影响学生还有待提高。高职学生,整体素质较好,学生基础知识比较扎实,理解能力也不错,动手能力是强项,但是学生政治意识不强,在国家时事方面关心不够。因此可以通过该课程的课程思政将教师的人文素养、政治意识等传递给学生,从而达到学生整体政治意识和素养的提升。

三、课程方面

"仓储机械操作"课程在专业知识、能力本位、课程标准等方面已经制定和完善,该课程实施了"小班化"课堂教学改革的实践,并取得了阶段性的成果;但是在该课程的课程思政方面还未形成完善的教学内容和教学方法。

第三节　思政教育融入"仓储机械操作"课程改革中的应用

"仓储机械操作"课程是物流管理专业培养目标之一,是掌握职业岗位服务技能的专业核心课程。主要内容包括了解和掌握现代物流仓储设备的基本原理,优化配置方法,正确选购仓储设备与应用,制定设备安全管理等各类管理制度,正确和熟练掌握常用仓储设备操作、检测、保养、故障排除等专业知识与专业技能,同时通过学习促进学生职业素养、职业道德、职业心理素质的提升。

一、课程定位与设计思路

1.课程定位

本课程自 2001 年开设以来,已有 10 余年的时间。在开设本课程前要求学生先修完"物流管理综合实务""仓储管理实务""物流信息"等前导课程,这样可以为本课程奠定理论基础,通过课程的学习也为学生今后实习上岗提供了理论基础。因此,本课程是物流管理专业培养目标之一,是掌握职业岗位服务技能的核心课程之一。

2.课程设计思路与改革目标

引入工匠精神与"仓储机械操作"课程融合为思政课程向课程思政的转变提供源泉,工匠精神是指工匠对自己的产品精雕细琢、精益求精、更完美的精神理念。工匠们喜欢不断雕琢自己的产品,不断改善自己的工艺,享受产品在双手中升华的过程。工匠精神的目标是打造本行业最优质的产品,其他同行无法匹敌的卓越产品。概括起来,工匠精神就是追求卓越的创造精神、精益求精的品质精神、用户至上的服务精神。

工匠精神的融入不仅是为了让学生掌握该课程的专业技能,更是希望通过工匠精神的融入,促进该课程不同项目与对应的岗位所具备的工匠精神要素……，从而达到对学生的价值理念和人文素养的培养，促进学生对工匠精神的认同和执行，培养学生爱岗敬业、认真严肃、精益求精的习惯。

因此，"思政教育"与"仓储机械操作"课程相结合的总体设计思路是以工匠精神为指导，将现阶段高职教育理念作为方针，结合现阶段经济发展水平和区域经济发展，培养多层次、复合型的高素质的高技能人才。从该课程中挖掘专业知识、专业技能讲解和实训操作过程中的育人价值来编制课堂教学指南，通过工匠精神与课程内容的融合（即要求学生把操作技能、职业素养和工匠精神融入整个教学过程中），促进思政内容与课程内容融合教学实践，再通过该课程的思政教育与"仓储机械操作"课程的教学反馈评价，从而促进学生职业素养、职业道德、职业心理素质的提升，并最终达到知识、技能、职业素养的有效统一。

第四节　课程教学内容设计

一、学情分析

对五届物流管理专业毕业生进行问卷调查，约有 800 名毕业生参与了调查。结果显示普高生的基础知识比较扎实，理解能力也不错，动手能力较强，但是政治意识不强，对国家时事、行业知识、发展趋势关心不够；因此要着重加强对其专业核心能力的培养，同时加强学生的思政教育，这样学生可以更好地适应加强适岗通用能力、专业技能的培养，顶岗能力的培养，学生职业素养的培养，学生职业道德意识的培养。

二、课程目标

通过教学改革，将本课程的目标定位为知识目标、能力目标、素质目标。具体见图 5-1。

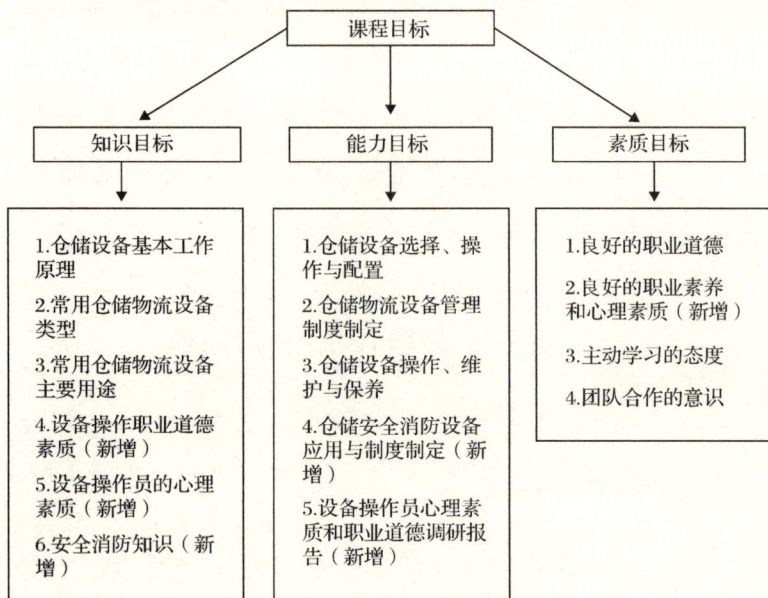

```
                        课程目标

        知识目标          能力目标          素质目标

   1.仓储设备基本工作    1.仓储设备选择、操    1.良好的职业道德
   原理                 作与配置
                                           2.良好的职业素养
   2.常用仓储物流设备    2.仓储物流设备管理    和心理素质（新增）
   类型                 制度制定
                                           3.主动学习的态度
   3.常用仓储物流设备    3.仓储设备操作、维
   主要用途             护与保养             4.团队合作的意识

   4.设备操作职业道德    4.仓储安全消防设备
   素质（新增）         应用与制度制定（新
                       增）
   5.设备操作员的心理
   素质（新增）         5.设备操作员心理素
                       质和职业道德调研报
   6.安全消防知识（新    告（新增）
   增）
```

图 5-1　课程目标

三、改革教学内容

通过"思政教育"与"仓储机械操作"课程的教学改革，在完成专业知识、专业技能培养的同时开展课程中的职业素养、职业道德、职业心理素质等教育，从而促进学生职业素养、职业道德、职业心理素质的提升，使学生真正符合社会需求的多层次、复合型的高素质的高技能人才需求。具体教学改革内容如下表 5-1、5-2。

表 5-1　新增教学内容与案例

章次	项目名称	新增的教学内容（职业教育目标）	具体的职业道德教育案例	备注
1	叉车操作技术	能结合教学内容，依据职业道德与叉车行业规范，分析叉车驾驶员与企业行业的要求，强化学生职业道德素质，强化学生的"职业作风""职业态度""职业守则"。	1.叉车驾驶员职业道德 2.叉车交通管理法规	
2	装载机操作技术	能结合教学内容，依据职业道德与装载机行业规范，分析装载机驾驶员与企业行业的要求，强化学生职业道德素质。	1.装载机驾驶员职业道德 2.装载机交通管理法规 3.装载机心理素质、卫生辅导	

章次	项目名称	新增的教学内容（职业教育目标）	具体的职业道德教育案例	备注
3	起重机操作技术	能结合教学内容,依据职业道德与起重机行业规范,分析起重机操作员（驾驶员）与企业行业的要求,强化学生心理与职业道德素质。强化学生的"职业作风""职业态度""职业守则",强化学生的"与人合作""解决问题"的能力。	1.起重机操作员驾驶员职业道德 2.起重机操作员（驾驶员）交通管理法规 3.起重机操作员心理素质要求	
4	自动化立体仓库操作技术	能结合教学内容,依据职业道德与物流行业规范,分析仓库管理员与企业行业的要求,强化学生职业道德素质。培养学生的"与人合作""解决问题"的能力。	1.仓库管理员的职业道德 2.出入库有误如何解决 3.仓库内损耗如何解决	
5	仓储机械综合运用技术	学习特种设备安全法,培养学生的遵章守纪、务实钻研、综合运用能力,学生的创新能力,培养学生职业的岗位胜任力	1.如何应对设备管理,特别是制度的制定 2.你懂得特种设备安全法吗?	

表 5-2　新增教学内容的教学设计、教学活动与评价

序号	教学内容	教学设计与方法	教学活动与评价	备注
1	叉车驾驶员职业道德要求、职业道德培养以及交通管理法规	通过驾驶员职业道德的设计,熟悉叉车驾驶员道德培养要素和行业应用特点,了解叉车驾驶员职业道德素质。	学生完成驾驶员职业道德单设计,并根据职业道德素质要求,了解和掌握道路交通管理法规。	
2	装载机驾驶员职业道德要求、职业道德培养以及交通管理法规	通过驾驶员职业道德的设计,熟悉装载机驾驶员道德培养要素和行业应用特点,了解装载机驾驶员职业道德素质。	学生完成驾驶员职业道德单设计,并根据职业道德素质要求,了解和掌握道路交通管理法规。	
3	起重机驾驶员（操作员）职业道德要求、职业道德培养以及交通管理法规	通过驾驶员职业道德的设计,熟悉起重机驾驶员道德培养要素和行业应用特点,了解起重机驾驶员职业道德素质。	学生完成驾驶员职业道德单设计,并根据职业道德素质要求,了解和掌握道路交通管理法规。	
4	仓库管理员职业道德要求、职业道德培养以及交通管理法规	通过仓库管理员职业道德的设计,熟悉仓库管理员道德培养要素和行业应用特点,了解仓库管理员职业道德素质。	学生完成仓管员职业道德单设计,并根据职业道德素质要求,了解和掌握仓库管理法律法规。	
5	特种设备安全法以及设备管理制度的制定	通过特种设备安全法的案例,熟悉特种设备的安全法的重要性以及法律特征,制定设备管理。	学生完成特种设备安全法案例的学习,能够了解和掌握设备规章制度的制定。	

第五节　改革教学方法

充分利用线上优势,开展线上线下混合式教学方式,充分发挥"教师主导、学生主体"的作用。线上主要是通过媒体案例教学法,如职业拓展视频、安全事故正面反面案例等;在线上还可以实施反馈对话交流法,通过学生的线上学习、线上作业,在线上开展讨论,利用发帖,等等形式,可以让同学感受我们的治学精神。在线下我们可以通过启发式、讨论式教学法,开展线下集中答疑,对新增教学内容讲思路、讲观点、答疑惑、"析脉络、究原因、导评价";在线下我们可以开展实践体验式教学法,如邀请行业专家进行专业讲座,通过老师布置的任务,开展与之相应的调研活动。具体新增内容开展的实践项目见表 5-3。

表 5-3　新增内容的实践项目

章次	项目名称	实践项目	备注
1	叉车操作技术	专家讲座:叉车交通安全知识	
2	装载机操作技术	调研活动:根据企业实际特点,调研装载机驾驶员的心理活动,并形成调研报告	

章次	项目名称	实践项目	备注
3	起重机操作技术	调研活动:根据企业实际特点,调研起重机操作员的职业素养,并形成调研报告	
4	自动化立体仓库操作技术	专家讲座:仓库安全消防知识	
5	仓储机械综合运用技术	小组活动:通过小组合作完成一整套综合性案例的设备操作及分析,形成PPT和案例分析文稿,并进行分组演讲	

实践体验项目是为了让学生更好地树立牢固的职业道德意识、安全意识,为了让学生逐步树立对法律的敬畏之心,为了让学生更好地观察和分析在物流活动中解决实际问题的能力。

第六节　改革教学评价体系

开展"思政教育"与"仓储机械操作"课程相融合的教学改革,教学评价是这次改革的重要目标之一。在教学评价过程中,充分发挥校外兼职教师、学生的作用,合理利用线上资源的优势,最终形成线上、线下、教师、兼职教师、学生共同完成的评价体系,既注重个人评价,又注重项目评价。

第七节　小　结

　　总之,引入工匠精神,为该课程实现"思政课程"到"课程思政"的转变提供了精神指导,要实现思政课程到课程思政的转变,不仅要结合时代特征、专业领域、行业特征,还要结合我们高职学生自身的特点,从教学内容、教学设计、教学方法、教学手段、教学评价体系等几个方面全面把握,把工匠精神运用到整个教学过程中去,从而促进学生职业素养、职业道德、职业心理素质的提升,并最终达到知识、技能与职业素养的有效统一,这样才能更好地为社会输送高素质、高技能、复合型的技能型人才。

第六章 "课证融通"教学改革与实践
——以高职物流专业"仓储机械操作"课程为例

　　"仓储机械操作"课程是物流管理专业培养目标之一，是掌握职业岗位服务技能的专业核心课程。主要内容包括了解和掌握现代物流仓储设备的基本原理、优化配置方法，正确选购仓储设备与应用，制定设备安全管理等各类管理制度，正确和熟练掌握常用仓储设备操作、检测、保养、故障排除等专业知识与专业技能，同时通过学习促进学生职业素养、职业道德、职业心理素质的提升。

第一节 "仓储机械操作"课程教学中存在的问题

一、理论与实践相脱离

　　"仓储机械操作"课程采取"理论＋实践"的教学模式，

由于大部分教师受传统教学思维的影响，依然重理论、轻实践，造成理论与实操相脱离的现象，不利于学生掌握技能，更谈不上对学生专业技能应用的能力培养。

二、实训条件缺乏

由于该课程是以实践为主，占整个课时的80％，因此需要具有良好的实训条件做保障，而现有的校内实训基地和校外实训基地还不能很好地满足课程内容的部分实践项目要求，因此更谈不上学生考证的要求。

三、教学评价体系不完善

虽然该课程进行了能力本位课程的改革与实践，建立了一系列的教学评价体系，但是课证融通后，对该课程的教学要求提出了更高的要求，因此要完善教学评价体系，将行业考核标准引入到该课程中来。

第二节 "仓储机械操作"课程课证融通
教学改革思路

本课程课堂教学设计思路主要以现阶段我们高职教育理念作为指导方针，结合现阶段经济发展水平和区域经济发展，培养多层次、复合型的高技能人才。因此设计了以企业全程指导、参与课程开发，并以就业为导向，以应用为目标，以实践为主线，以能力为中心的新型教学理念，开展"课证融通"教学改革符合现代物流人才培养的定位标准，满足了市场需求的综合性物流人才的需要。

第三节 "仓储机械操作"课程课证融通
教学改革与实践

一、课程标准与岗位职业技能标准对接

依据欧盟物流管理专业标准和我国高等职业教育物流管理专业标准以及现阶段行业协会物流管理专业标准，结合岗位职业资格标准，将岗位典型工作任务转化为学习课程，并以此来设计本课程以工作过程为导向，以各种专项能力为标准。

二、课程教学内容与岗位工作内容对接

通过走访企业调研以及召开该课程的论证会，将行业的典型工作任务转换为学习课程，按照专业标准和岗位职业资格标准来设计教学项目，对应的教学项目所对应的相关工种职业资格证。详见表6-1。

表 6-1 教学内容

项目名称	工作任务	能力要求	对应的证书	颁发机构	备注
仓库装卸搬运设备（叉车）操作与管理	叉车合理选用叉车的配置叉车的正确操作使用正确维护保养叉车	能根据实际要求配置合适的叉车能制定叉车设备管理制度	叉车操作员证	杭州市质量技术监督局	行业证书
自动化立体仓库设备操作与管理	熟练操作自动化仓库设备管理系统对设备进行维护保养	能掌握自动化仓库设备管理系统工作原理能制定仓储管理制度	立体仓库管理员证书	杭州市质量技术监督局	行业证书
起重机械操作与管理	选择合适的起重机械进行作业对起重机械设备进行维护保养	能根据装卸生产需要配置合适的设备能制定起重机械管理制度	起重机操作证	杭州市质量技术监督局	行业证书
装载机操作与管理	选择合适的装载机装载机的正确操作正确维护保养装载机设备	能根据作业需要配置合适的设备能制定装载机管理制度	装载机操作证	杭州市质量技术监督局	行业证书
仓储机械操作设备综合运用	根据工作任务选择几种合适的设备进行操作并完成工作任务	能对各种设备进行配置与应用			

第四节 课程教学过程与岗位工作过程对接

一、"教、学、做"理实一体化教学

在教学实施过程中,通过校企合作,将课堂延伸到企业生产实际,实现教学内容与企业工作岗位相结合,做到"教、学、做"理实一体化教学,强化学生实践能力的培养。如叉车项目,通过学习任务的下达,校内的理论学习、校内实训基地的叉车技术操作,完成任务所需的知识和技能,学生接受任务后查找相关资料,制订工作计划,到校企合作的校外实训基地叉车工作岗位实习,理论与实际工作岗位相结合,在企业指导师傅的指导下,以员工角色,分工合作,完成学习任务,在这个过程中注重职业素养、职业能力的要求,回校后进行资料的整理,并指出实习中存在的问题,缩小校内外实训基地工作条件、工作设备、工作环境、工作素养的差距,提高学生适应岗位的能力。

二、教学方法与教学手段改革

1. 教学方法

针对高职院校学生的特点,结合本课程的实际,采用

"课证融通"教学后，要做到因材施教，老师就必须根据教学内容选择不同的教学方法。因此本课程理论知识的学习要求学生在线上完成，应用了多媒体教学、案例教学等方法；实践教学主要应用项目教学法（如叉车项目、装载机项目等），角色扮演教学法主要应用于仓储机械综合运用，让学生充当各种角色来共同完成该项目，同时要求学生完成相应的规章制度、安全制度、设备操作规程的学习。

2.教学手段

教学手段是师生教学相互传递信息的工具、媒介或设备。应用好教学手段，吸引学生和感染学生的将产生不同的效果。为解决在教学中的重点和难点问题，本课程着重应用了模拟技术（如叉车项目）、虚拟现实技术（如起重机项目、装载机项目）和视频互动系统（如仓储机械操作综合运用项目），通过借助现代化的技术设备在教学中的应用，能使学生获得活生生的感性认识，引起他们求知的兴趣，很好地解决了实训设备场地和真实再现企业实际工作场景的问题。

三、教学评价体系的改革

实施"课证融通"教学中教学评价是我们这次课堂教学

改革的重要目标之一,在教学评价中,要充分发挥校内外实训基地以及职业技能鉴定所的优势,以职业技能鉴定考核方式,根据技能实训项目,围绕职业资格操作,制定考核标准,同时又要充分发挥兼职教师和学生的作用,因此,在教学评价部分项目由兼职教师来打分,有些项目由学生进行互评,有些项目由教师、兼职教师、学生共同完成。总之,该课程评价体系既注重过程评价,又兼顾项目评价以及结果的评价体系建设。具体评价细则见下图。

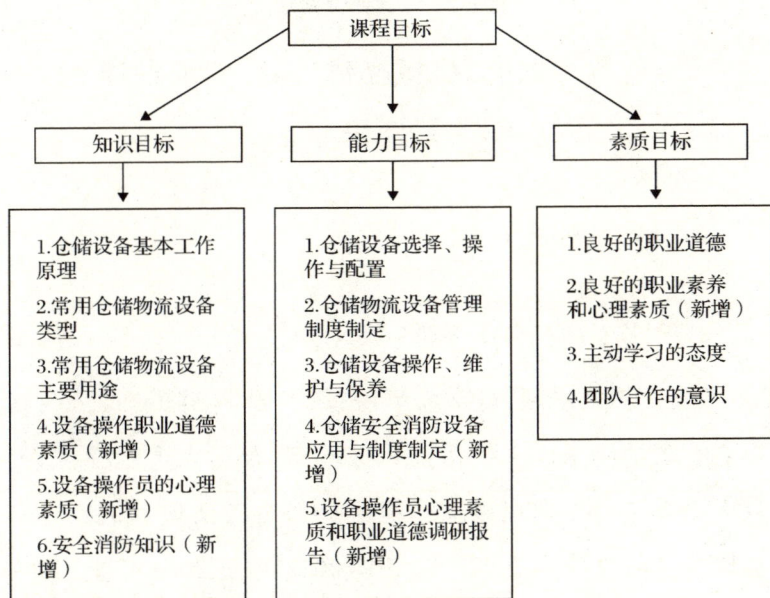

```
                    ┌──────────┐
                    │  课程目标  │
                    └──────────┘
         ┌──────────────┼──────────────┐
    ┌────────┐    ┌────────┐    ┌────────┐
    │ 知识目标 │    │ 能力目标 │    │ 素质目标 │
    └────────┘    └────────┘    └────────┘
```

知识目标	能力目标	素质目标
1.仓储设备基本工作原理 2.常用仓储物流设备类型 3.常用仓储物流设备主要用途 4.设备操作职业道德素质（新增） 5.设备操作员的心理素质（新增） 6.安全消防知识（新增）	1.仓储设备选择、操作与配置 2.仓储物流设备管理制度制定 3.仓储设备操作、维护与保养 4.仓储安全消防设备应用与制度制定（新增） 5.设备操作员心理素质和职业道德调研报告（新增）	1.良好的职业道德 2.良好的职业素养和心理素质（新增） 3.主动学习的态度 4.团队合作的意识

图 6-1　课程目标体系

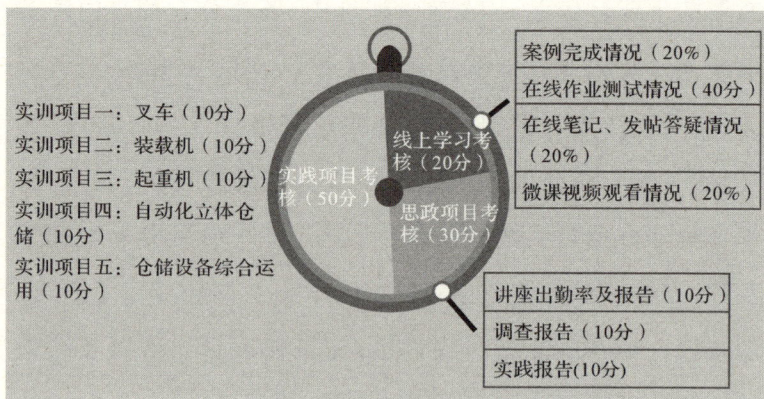

实训项目一：叉车（10分）
实训项目二：装载机（10分）
实训项目三：起重机（10分）
实训项目四：自动化立体仓储（10分）
实训项目五：仓储设备综合运用（10分）

实践项目考核（50分）

线上学习考核（20分）

思政项目考核（30分）

案例完成情况（20%）
在线作业测试情况（40分）
在线笔记、发帖答疑情况（20%）
微课视频观看情况（20%）

讲座出勤率及报告（10分）
调查报告（10分）
实践报告(10分)

图 6-2　课程评价体系

第五节　"仓储机械操作"课程课证融通教学改革反思

一、改革成效

1.学生考证一次性通过率高

通过"课证融通"教学改革,实现了教学与考核的分离,提高了教学质量。学生考证积极性高,报名人数和学生通过率创新高。该课程以叉车操作员作为考证项目试点,并且取得了阶段性的成果。以下是 2015 年至 2018 年上半年止叉车技能考证实施与考核情况(表 6-2)。

表 6-2 2015—2018 年叉车技能培训统计表

年份	报名人数	通过人数	通过率	备注
2015 年	183（含泉州班、开发区职工培训）	183	100％	
2016 年	192（开发区职工培训）	192	100％	
2017 年	128	128	100％	
2018 年上半年	34	34	100％	

2. 学生素质不断提升

通过课证融通教学改革,最终受益的还是学生。该课程深受学生的喜爱,学生对该课程的评价越来越高,近年来该课程的好评率都在 98％以上;由于学生持有专业技能岗位证书,这提高了他们的就业竞争力,一次性就业率高。毕业生深受行业、企业欢迎,行业、企业对其评价很高。

3. 学生技能成绩突出

通过"课程融通"教学改革,提升了学生的技能水平。在近几年浙江省物流竞赛中和浙江省物流行业竞赛中学生连续几届获得了一等奖,在全国物流技能竞赛中荣获了二等奖。技能竞赛方案实施中与该课程相关的实践项目就达到 3 项,有力地提高了技能竞赛的能力。

4. 教师水平的提升

通过教学改革,学院教师与校企、行业协会合作开发教材,出版了《物流设备应用与管理》,并参与了其他教材的开发、编著工作,在教学过程中,运用了新的教学方法与手段,效果显著;教师的科研也取得了显著成绩,教师申请的课题与发表的论文数量与质量有了很大的提升。

5.实现了区域教学资源的共享

本课程教学资源库为区域院校、行业、企业提供了共享,并对该课程实现了区域共享教学、培训等工作。

二、改革反思

1.实训条件的持续改善

校内实训基地不可能覆盖所有的职业技能鉴定和职业资格证书考试的内容的要求,因此可以通过校外实训的合作来补充,这样有利于"课证融通"的实施。

2.师资力量的持续优化

师资力量是"课证融通"实施的保证,缺乏高水平的"双师型"师资队伍,部分教师缺乏企业实际工作经历和经验,通过引进和优化兼职师资队伍可以有效缓解,这样有利于"课证融通"的实施。

3.专业人才培养模式与"课证融通"教学改革要求不符

现在的高职教育人才培养体系中以学历教育为主,在专业人才培养方案和课程标准中有关职业资格认证要求内容的缺乏,考试内容与职业资格鉴定内容存在较大差别,会直接影响到课程教学改革的顺利进行。

第六节　小结

"课证融通"的教学改革与实践,突出了对学生专业技能和综合职业能力、职业素养的培养,让学生在获得专业知识、专业技能的同时,又获得相应的职业资格认证,满足了学生今后职业发展的需要。

参考文献

[1] 陈劲,林朝朋,邹毅峰.基于 Moodle 平台构建高职物流管理实验教学系统的实践[J].物流工程与管理,2010(11):132-134.

[2] 邓德成.中职机械实训课教学模式改革的实践探索[J].职教通讯,2013(3):64-66.

[3] 高建华,邓亚明.虚拟现实技术在现代教学中的应用研究[J].电脑开发及应用,2011(1):22-23.

[4] 葛云,杨桂敏,曾海峰,等."机械制造工艺学"混合教学改革研究与探讨[J].黑龙江教育,2016(5):65-66.

[5] 胡江,黄金萍."课证融通"教学改革探索——基于高职模具制造工艺课程的实践[J].商丘职业技术学院学报,2016(5):85-87.

[6] 李科.混合学习视角下《建筑水电工程计价》课程建设研究与实践[J].考试周刊,2016(68):156-157.

[7] 邵红军.《高级食品化学》混合教学模式的构建与应用[J].安徽农学通报,2016(22):104-107.

[8] 孙雷.基于 Moodle 平台《建筑测量》网络课程在高职教育中的应用研究[J].教育教学论坛,2016(5):254-255.

[9] 王建宏,梁存珍,朱玲,等.环境工程专业实验混合教学模式初探[J].实验室研究与探索,2016(3):205-209.

[10] 王金岗.虚拟现实技术在高职院校实践教学中的应用研究[J].中国职业技术教育,2011(23):76-80.

[11] 王丽媛.高职教育中培养学生的工匠精神的必要性与可行性研究[J].职教论坛,2014(22):66-69.

[12] 易华.高职物流专业英语小班化教学的实践研究[J].物流技术,2013(9):494-496.

[13] 余名宪."小班化、分层次"教学改革与实践——以高职物流专业《仓储机械操作》课程为例[J].物流技术,2015(5):301-303.

[14] 余名宪.高端技能型物流管理人才培养研究——以浙江经济职业技术学院为例[J].物流技术,2012(7):430-433.

[15] 余名宪.高职物流专业"仓储机械操作"课程混合式教学改革与实践[J].职教通讯,2017(8):13-20.

[16] 余名宪.高职院校物流管理专业实践教学改革——以浙江经济职业技术学院为例[J].物流技术,2014(5):

490-492.

[17] 余名宪.区域共享性物流实训基地运行与管理机制实践研究[J].物流技术,2013(6):282-285.

[18] 张洪良.关于实训教学中的几点思考[J].考试周刊,2014(11):164.

附录 获奖

1. 课题获奖

《基于"小班化，分层次"教学改革与实践——以高职物流专业〈仓储机械操作〉课程为例》在全国院校 2016 年度物流教改教研课题评比活动中荣获三等奖。

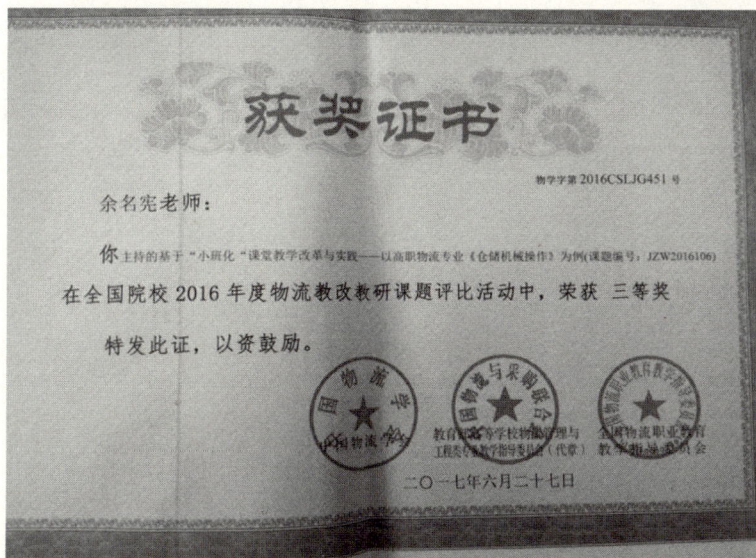

2. 论文获奖

《基于"小班化，分层次"教学改革与实践——以高职物流专业〈仓储机械操作〉课程为例》获浙江省高等职业教育研究会 2016 年会学术交流论文三等奖。